Le chef du protocole

La famille Bourru

Gaspard, le héros

Madame Broutchou

Maurice, cuisinier

Octave, Alexis et Emile

Sa Majesté Victor 1er

Valentine, maman

Nestor, artiste-peintre

Le ministre de la Police

M. Lapin, serrurier

Sacha Botté, maire

Igor, loup

Raphaël, Henri et Christophe

Deux biquets

Quatre biquets plus calmes

Du même auteur

La série des loups :
Le loup est revenu !
Le loup sentimental
Le déjeuner des loups
Je suis revenu !
Balthazar !
Chapeau rond rouge
Le loup, la chèvre et les 7 chevreaux
Igor et les trois petits cochons
Maman ! Une histoire de Balthazar
Le retour de Chapeau rond rouge
La galette à l'escampette
Parole de loup

La série des Georges :
La princesse, le dragon et le chevalier intrépide
Georges le dragon
Jules, le chevalier agaçant
Au service de la Couronne

Sans oublier :
Jean Toutou et Marie Pompon
Sophie la vache musicienne
Vèzmô la sorcière
La présidente
L'autre, *écrit par Zaza Pinson*

ISBN 978-2-211-22473-4

Loi numéro 49 956 du 16 juillet 1949 sur les publications
destinées à la jeunesse : mars 2014
Dépôt légal : avril 2016
Imprimé en France par Pollina à Luçon - L75207
Édition spéciale non commercialisée en librairie

Geoffroy de Pennart

Il faut délivrer Gaspard !

kaléidoscope

Madame Broutchou a préparé
une montagne de beignets pour le goûter.
Elle les a mis à refroidir dans le garde-manger.
Huuummm ! Quelle délicieuse odeur !
Gaspard a un petit creux aussi soudain qu'irrésistible.

La porte claque violemment derrière lui...

... si violemment que la clef se casse dans la serrure.
Il ne peut plus sortir. Il appelle, il tambourine.
Madame Broutchou accourt. Misère ! La serrure est bloquée !

Bon sang de bonsoir, quelle histoire !
Il faut délivrer Gaspard !

"Soyez sages, les enfants, je file chez le serrurier",
dit madame Broutchou à ses biquets.

"Impossible, dit le serrurier,
j'ai encore dix-neuf serrures à poser."

Bon sang de bonsoir, quelle histoire !
Il faut délivrer Gaspard !

Alors madame Broutchou va trouver le policier
pour qu'il oblige le serrurier à venir délivrer son biquet.

"Hors de question, ma petite dame, gros cadenas,
loquet moyen ou petit verrou, peu importe,

quand les serruriers sont débordés,
les policiers sont submergés."

Bon sang de bonsoir, quelle histoire !
Il faut délivrer Gaspard !

Alors madame Broutchou va trouver le maire
pour qu'il ordonne au policier d'obliger le serrurier
à venir délivrer son biquet.

"Ah, ce n'est pas le moment de me déranger, dit le maire.
Vous voyez bien que je suis occupé !"

Bon sang de bonsoir, quelle histoire !
Il faut délivrer Gaspard !

Alors madame Broutchou va trouver le ministre
pour qu'il enjoigne au maire d'ordonner au policier
d'obliger le serrurier à venir délivrer son biquet.

"Désolé, dit le ministre. Les devoirs de ma charge m'accaparent tout entier."

Bon sang de bonsoir, quelle histoire !
Il faut délivrer Gaspard !

Alors madame Broutchou va trouver le roi
pour qu'il somme le ministre d'enjoindre au maire
d'ordonner au policier d'obliger le serrurier
à venir délivrer son biquet.

Mais le monarque, qui déteste être dérangé
à l'heure du dîner, lui fait signe de se retirer.

Bon sang de bonsoir, quelle histoire !
Il faut délivrer Gaspard !

Alors madame Broutchou va trouver le cuisinier du roi. Sait-on jamais ? Peut-être pourra-t-il persuader le monarque de sommer le ministre d'enjoindre au maire d'ordonner au policier d'obliger le serrurier à venir délivrer son biquet ?

“Non, non, non, dit le cuisinier. La vie est déjà assez compliquée.
Chacun sa place et les vaches seront bien gardées.”

Bon sang de bonsoir, quelle histoire !
Il faut délivrer Gaspard !

Alors, en désespoir de cause, madame Broutchou
va trouver Igor et lui demande de faire peur au cuisinier
pour qu'il persuade le monarque de sommer le ministre
d'enjoindre au maire d'ordonner au policier
d'obliger le serrurier à venir délivrer son biquet.

Mais Igor ne veut même pas en entendre parler.
Il a eu une dure journée.

Bon sang de bonsoir, quelle histoire !
Il faut délivrer Gaspard !

Madame Broutchou ne sait plus à quel saint se vouer,
mais Valentine l'a entendue.

Entre mamans, on se comprend.
"Ne vous inquiétez pas, ma chère, j'en fais mon affaire."

Bon sang de bonsoir, quelle histoire !
Il faut délivrer Gaspard !

Valentine s'entretient avec le cuisinier.

Le cuisinier veut bien persuader le roi de sommer
le ministre d'enjoindre au maire d'ordonner au policier
d'obliger le serrurier à venir délivrer le biquet.

Le roi veut bien sommer son ministre
d'enjoindre au maire d'ordonner au policier
d'obliger le serrurier à venir délivrer le biquet.

Le ministre veut bien enjoindre au maire d'ordonner

au policier d'obliger le serrurier à venir délivrer le biquet.

Le maire veut bien ordonner au policier

d'obliger le serrurier à venir délivrer le biquet.

Le policier veut bien obliger le serrurier
à venir délivrer le biquet.

"Vous tombez bien, dit le serrurier,
je viens juste de poser la dernière serrure.
Elle est pas chouette, ma porte, avec tous mes modèles exposés ?"

Bon sang de bonsoir, quelle journée !

Chut ! Gaspard s'est endormi dans le garde-manger.
Mais il a laissé quelques beignets, si vous voulez y goûter…

FIN

Le chef du protocole

La famille Bourru

Gaspard, le héros

Madame Broutchou

Maurice, cuisinier

Octave, Alexis et Emile

Sa Majesté Victor 1er

Valentine, maman